LISTE DES SOMMES

REÇUES DIRECTEMENT PAR M. VALLETTE, PASTEUR A PARIS,

En réponse à son Appel du mois de novembre 1854,

POUR

L'envoi d'Aumôniers aux soldats chrétiens protestants

DE L'ARMÉE D'ORIENT.

LISTE DES SOMMES

REÇUES DIRECTEMENT PAR M. VALLETTE, PASTEUR A PARIS,

Jusqu'au 1ᵉʳ mars 1855,

En réponse à son appel du mois de novembre 1854,

Pour l'envoi d'Aumôniers aux soldats chrétiens protestants de l'armée d'Orient.

Messieurs	fr.	c.
AIX (Bouches-du-Rhône).		
Jalabert (le professeur). .	50	»
Collecte par ledit.	103	»
Supplément de la collecte par ledit.	15	»
	168	»
ALAIS (Gard).		
Par M. E. D'Hombres, pasteur :		
La famille Plantier. . . .	15	»
Franceson (Frédéric). . .	10	»
Fontane-Méric (Mme). .	5	»
Sa domestique.	»	50
Moline (veuve).	1	»
Pauc (Caroline).	1	»
Huguet (Virginie), femme Peyre.	»	50
Gibert (Laurent).	»	25
Ciampanté, Bernard et Tur (Mmes).	3	»
Guiraud, maître d'hôtel. .	5	»
Bonnet (Mlle) et Bousquet (Mme).	2	»
Gascuel, de Clavières. . .	2	»
Bonnal-Rocheblave (Aug)	10	»
Bérard (Mme).	10	»
Anonyme.	5	»
Franceson-Féline. . . .	5	»
Draussin-Pierredon. . .	3	»
Aubrespin (veuve). . . .	5	»
Marcelin (Jenny et Marion).	5	»
Villaret-Bernard (Mme). .	3	»
Fraissinet (Mme Auguste)	5	»
Mazert (Mme).	1	»
Lavondès (Isidore). . . .	10	»
Lavondès mère (Mme). .	5	»
Arnal-Bénézet.	4	»
Pascal (Mme).	2	»
Allut (le docteur). . . .	5	»
Goirand, chaudronnier. .	2	»
A reporter. . . 125 25	168	»

Messieurs			fr.	c.
Reports. . .	125	25	168	»
Anonyme et la famille. .	3	»		
Thérond (veuve) et les frères Lefèvre.	3	»		
Blanc et Bonnal (Mmes). .	4	»		
Laval, Bernard, Martin, Espérandieu (Mme). .	16	»		
Anonyme.	3	»		
Desroches (le capitaine). .	3	»		
Gide (Auguste).	15	»		
Serre (Edouard).	5	»		
Dézier (Casimir).	5	»		
Fraissinet (Edouard). . .	20	»		
Dugas (Mme).	10	»		
Teissonnière, banquier. .	5	»		
Larnac (Martin de). . . .	10	»		
Pension Morin.	5	»		
Sabatier (veuve).	1	50		
Barbusse-Durand. . . .	5	»		
Gazan, épicier.	2	»		
Anonyme.	2	»		
Anonymes divers. . . .	12	»		
Touren (Mme), repasseuse	3	»		
Craponne, conservateur des hypothèques. . . .	5	»		
Richard, menuisier. . .	2	»		
Salles, menuisier. . . .	2	»		
Bernis (Mme).	4	»		
Valerose.	1	50		
Bastide, du Vignal. . . .	3	»		
Volpelière (veuve). . . .	5	»		
Dadre et Malzac (Mmes).	10	»		
Bernard, courtier. . . .	2	»		
Pension Cartacrade. . .	7	»		
Larguier, chauffeur. . .	»	50		
Anonyme.	5	»		
Meynadier, teinturier. . .	5	»		
Silhol (Alph.).	3	»		
Pin, avocat.	3	»		
Caylet (Mme).	2	»		
Serre, docteur.	5	»		
A reporter. . . 222 75	168	»		

Messieurs	fr. c.	fr. c.
Reports..	222 75	168 »
Boissier (Jean).....	3 »	
Foucard........	5 »	
Estienne (Mme d')...	5 »	
Barbusse père......	10 »	
Salles, boulanger....	2 »	
Anonyme........	5 »	
Dhombres (Ernest), pasteur........	5 »	
		357 75

AUDINCOURT (Doubs).

	fr. c.	fr. c.
Peugeot (Louis).....	25 »	
Peugeot (Constant), fabricant........	15 »	
Peugeot (Charles), id..	15 »	
Bouthenot-Peugeot, id..	10 »	
		65 »

BAGNÈRES-DE-BIGORRE.

Par M. Emilien Frossard, pasteur :

	fr. c.	fr. c.
A l'issue d'une réunion..	50 50	
Dans une assemblée à Tarbes........	164 70	
		215 20

BALE (Suisse).

	fr. c.	fr. c.
Passavant (Théophile), pasteur..		100 »

BATIGNOLLES.

	fr. c.	fr. c.
Pécaut, Goffrès et Bost.	20 »	
Vernes (Louis), pasteur.	10 »	
		30 »

BAYONNE.

	fr. c.	fr. c.
Collecte par M. le pasteur Nogaret............		133 50

BEAUCOURT (Doubs).

	fr. c.	fr. c.
Berger, pasteur........		20 »

BÉDARIEUX (Hérault).

	fr. c.	fr. c.
Collecte par M. le pasteur Trial..		38 »

BERCY (Seine).

	fr. c.	fr. c.
Anonyme...........		5 »

BERGERAC.

Par M. le pasteur Bastie :

Premier envoi.

	fr. c.	fr. c.
Le consistoire de Bergerac...........	100 »	
A reporter...	100 »	1,132 45

Messieurs	fr. c.	fr. c.
Reports...	100 »	1,132 45
Le conseil presbytéral..	50 »	
L'Eglise de la Monnie-St-Martin, par M. le pasteur Paul Hugues...	28 50	
De divers........	121 50	
Deuxième envoi.		
Par M. le pasteur Bastie.	256 50	
		556 50

BISCHWILLER.

	fr. c.	fr. c.
Collecte par M le pasteur Culmann............		650 »

BLAYE.

	fr. c.	fr. c.
Brown (Mme)........		30 »

BOLBEC (Seine-Inférieure).

Par M. le pasteur Sobier :

	fr. c.	fr. c.
Lacaille (Mme).....	5 »	
Culmann (Mlle Emilie)..	1 »	
Molé (Mme veuve)....	2 »	
Anonyme........	5 »	
Anonyme........	3 »	
Guyenot (Mme veuve)..	5 »	
Fauquet (Gaston)....	20 »	
Grenier (Mlle Louise`..	» 50	
Grenier (Mlle Caroline)..	» 50	
Sohier, pasteur.....	5 »	
Sohier (Mlle Marie)...	» 50	
Sohier (Mlle Marguerite).	» 50	
Sohier (Alfred).....	» 50	
Gourjon (Mme Henri)..	10 »	
Recher (Mlle Bérénice)..	1 »	
Cautais (Mme veuve)...	6 »	
Cautais (Louis).....	4 »	
Hue (Mme veuve)....	2 »	
Bellande (M. et Mme)..	3 »	
Leroux (Mlle Amélie)..	2 »	
Martin (Mlle Amélie)...	2 »	
Debray (Mlle)......	1 »	
Lamy fils........	20 »	
Duproy-Lemaître....	10 »	
Anonyme........	5 »	
Anonyme........	3 »	
Lesens.........	2 »	
Fauquet (Mme veuve Victor)........	40 »	
Le Caron-Debray....	5 »	
Roller, pasteur.....	5 »	
Lecoq (François)...	1 »	
Pertuzon-Lamy.....	10 »	
Beaufils, de Ninetot...	2 »	
Le Caron-Sisnenel....	2 »	
A reporter...	184 50	2,368 95

Messieurs	fr. c.	fr. c.
Reports..	184 50	2,368 95
Bonnard, pasteur.	5 »	
Blandel, du Valasse.	3 »	
Campart père.	2 »	
Martin-Etur (Mme).	2 »	
Carpentier-Salomon.	2 »	
Leplay aîné.	1 »	
Castaigne-Hulin (Mme).	3 »	
Desgenétais (M. et Mme Fr.).	10 »	
Anonyme.	1 »	
Limare (Lami).	20 »	
Legonis (Jacques).	10 »	
Maurel (Mme veuve).	2 »	
Fauquet (Henri).	20 »	
Lecoq (Mlle Thalie).	1 »	
Lecoq (Eugène).	1 »	
Baudon (Arthur).	1 »	
Hauchecorne (Mme).	2 »	
Gravillon (Mlle).	3 »	
Anonyme.	2 »	
Gambier, instituteur.	3 »	
Carpentier-Lechevallier.	1 »	
Périer, géomètre.	1 »	
Leblond, d'Autretot.	2 »	
Harrison (Mlles).	10 »	
Lecoq et Fauquet (Mlle).	7 »	
		299 50

BORDEAUX.

Envois de M. le pasteur Villaret :

	fr. c.	fr. c.
Maillard, pasteur.	20 »	
Villaret, pasteur.	20 »	
Durand, pasteur.	20 »	
De Luze.	20 »	
De Luze (Alfred).	10 »	
De Luze (Francis).	10 »	
Couve (J.-B.).	50 »	
Hovy (H.-N.).	40 »	
Barton et Guestier.	50 »	
Brandenburg (Ch.).	20 »	
Von Hemert-Hovy (Mme veuve).	30 »	
Brandenburg (Mme).	10 »	
Bourdil (E.).	20 »	
Bosc (Félix).	30 »	
Preller (G.).	30 »	
Bosc (Alexis).	20 »	
Baour (J.-L.).	20 »	
Flouch (Martin).	10 »	
Wetzel.	10 »	
Wetzel (Auguste).	10 »	
Baour (Pierre).	20 »	
Baour (Gustave).	10 »	
Borchard (A.).	20 »	
A reporter...	500 »	2,668 45

Messieurs	fr. c.	fr. c.
Reports..	500 »	2,668 45
Balguerie (Raoul).	10 »	
Vène frères.	10 »	
Teysonnière.	15 »	
Noër (Mme veuve).	10 »	
Anonyme.	10 »	
Grand (M.-P.).	10 »	
Floris (Mme veuve).	20 »	
Lestapis (Mme).	30 »	
Wüstenberg.	20 »	
Sorbé (Mme veuve E.).	20 »	
Pettersen - Hesse (Mme veuve).	10 »	
Johnston (Nathanael et fils.	50 »	
Brown (F.).	10 »	
Flouch - Southard (M. et Mme).	20 »	
Bethmann (A.).	15 »	
D'Egmont.	15 »	
Gaden (H.).	20 »	
Anonyme.	5 »	
Schröder-Schyler et Comp.	50 »	
Crusc et fils frères.	50 »	
Beyerman (F.).	10 »	
Douesnel (M. et Mme).	10 »	
Mestrezat (Mme veuve).	15 »	
Mestrezat (Paul).	10 »	
Jannesse frères.	20 »	
Dubreuilh (Ernest).	10 »	
Jurine (A.-L.).	20 »	
Chaumel-Neveu.	20 »	
Lawton (Mme H.).	10 »	
Albrecht.	10 »	
Boyer (J.-V.-P.).	10 »	
Vaucher.	10 »	
Sillimann.	10 »	
Alaret (A.).	10 »	
Tarteiron (Ch.).	15 »	
Boissière (F.-V.).	10 »	
Thomas (Simon).	25 »	
Flouch (M. et Mme D.).	10 »	
Bourges (Ad.).	5 »	
Michaelsen (J.) et Comp.	25 »	
Southard (Edwards).	30 »	
Southard (Henry).	10 »	
Rambaud.	10 »	
Jaunesse (H.).	10 »	
Leppert père et fils.	25 »	
Serr (J.-Ph.).	10 »	
Stricker (F.).	10 »	
Bujac (D.).	5 »	
Emler.	10 »	
Balguerie-d'Egmont (Mme)	5 »	
Bosc (Pierre).	25 »	
Duret (P.-H.).	10 »	
A reporter..	1,325 »	2,668 45

Messieurs	fr. c.	fr. c.
Reports..	1,325 »	2,668 45
Blatter (Mlles)..	5 »	
Hernozant (Mme veuve)..	5 »	
Hernozant (Mme H.)...	5 »	
Blavignac (Mme).....	10 »	
Lamartinie (Mme)...	10 »	
Couturier (Mme).....	10 »	
Ginoulhiac (Mme)...	5 »	
Total de la collecte.	1,375 »	

Liste supplémentaire.

	fr. c.	
Cabanis (Ed.).....	10 »	
Clossmann (Paul)....	20 »	
Barckhausen.....	10 »	
Durant (F.)......	5 »	
Sandoz........	6 »	
Brias (le comte de)....	10 »	
Deonna (Mme veuve)...	10 »	
Loreilhe........	5 »	
Lawton (Mme veuve)...	10 »	
Marrauld (Mme veuve)..	5 »	
Basse.........	10 »	
Balguerie (Mme C.)...	10 »	
Schrader (Ferdinand)..	5 »	
Baillif........	5 »	
Tarteiron - d'Aubignac (Mme veuve).....	20 »	
Total de la liste supplémentaire.....	141 »	
Avec la première liste..	1,375 »	
Total.....	1,516 »	

Autres dons.

	fr. c.	fr. c.
Faure frères......	200 »	
La Harpe (Alph.)....	50 »	
De Conninck......	100 »	
Monod (Mlle B.).....	5 »	
Monod (G.).......	5 »	
Eschenauer et Benecke..	50 »	
La Harpe, pasteur, de la part de quelques amis de l'Evangile.....	105 »	
		2,031 »

CAEN.

Collecte par M. le pasteur Melon. 357 50

CHATILLON-SUR-LOIRE.

Collecte par M. le pasteur Croll. 53 »

CASTRES.

Collecte par M. Dombre, pasteur. 490 »

A reporter... 5,599 95

Messieurs	fr. c.
Report...	5,599 95

CAUSSADE (Tarn-et-Garonne).

Collecte par M. le pasteur Maigre. 71 50

DIEPPE.

M. le pasteur Reville...... 20 »

DIEU-LE-FIT.

	fr. c.	
Henry Morin (Mme)...	25 »	
Brun, pasteur......	10 »	
		35 »

FOECY (Cher).

Pillevuyt............ 40 »

FONTENAY-AUX-ROSES.

	fr. c.	
Buhrel......	10 »	
Ulrich (Mlle).....	1 »	
		11 »

GALLARGUES (Gard).

Collecte par M. le pasteur Gaubert 250 »

GANGES (Hérault).

Collecte par M. le pasteur Nines :

	fr. c.
M. le pasteur Nines...	10 »
Galienne, pasteur wesleyen........	10 »
Hue, banquier......	50 »
Lafon Berthézene....	10 »
Beziers (Louis).....	10 »
Valdeson père, juge-de-paix.........	10 »
Soulier Randon (Mme la baronne)........	10 »
Eyman, pasteur indépendant.........	2 »
Olivier, chef d'institution..	5 »
Randon (Léon), propriétaire.........	5 »
Cazalès (Charles), propriétaire........	5 »
Barral (Charles), négociant........	10 »
Barral (Emile), négociant.	10 »
Mazel (David)......	2 »
Mallié (Junior), banquier.	5 »
Darvieu (Jules), docteur-médecin........	5 »
Carrière (Emile), négociant........	5 »
Meyrueis (Jean), fils, pro-	

A reporter.. 164 » 6,026 95

Messieurs	fr.	c.	fr.	c.
Reports ..	164	»	6,026	95
priétaire	5	»		
Falguiere, libraire	5	»		
Escalle, père, propriétaire	2	»		
Charlier - Bezies, professeur	3	»		
Seguin (Frédéric), propriétaire	3	»		
Blaquière (Eugène), négociant	2	»		
			184	»

GENERAC (Gard).

	fr.	c.	fr.	c.
Collecte par M. L. Roger, pasteur.			34	»

GENÈVE.

Collecte faite par les soins de M. Edouard Berger de Lavergne, étudiant en théologie.

Premier Envoi.

	fr.	c.	fr.	c.
Ant. Panchaud (Mlle)	108	»		
Diodati Vernet, professeur de théologie, et la famille Vernet	45	»		
Schérer (Edmond)	15	»		
Monneron, ministre du St-Evangile	10	»		
Par M. Labeille, étudiant en théologie	42	»		
Calame, peintre	10	»		
A...e (Mlle)	2	»		
Lullin	5	»		
Gerard	5	»		
Pourtalès (Mme)	2	»		
			244	»
	244	»		

2e Envoi :

	fr.	c.	fr.	c.
Lavit, pasteur	5	»		
G., ministre du St-Evangile	3	»		
Rœhrich, de Strasbourg, bachelier en théologie	3	»		
Labeille, étudiant en théologie	10	»		
Par M. Benoit, étudiant en théologie	32	»		
Petit-Pierre (Mlle)	5	»		
Tremlett (Mlle)	1	»		
Voignieu (Mlle)	5	»		
Martin (Mlle)	10	»		
Faure	5	»		
X	3	»		
Camille Tournier, de Mulhouse	1	»		
A reporter...	327	»	6,244	95

Messieurs	fr.	c.	fr.	c.
Reports...	327	»	6,244	95
Souvairan - Cholet, de Chesne (Mme)	30	»		
Cholet, de Chesne	10	»		
Marin, docteur-médecin	5	»		
Picot (Adrien)	15	»		
Picot (Dl.)	15	»		
Picot (E)	10	»		
Picot (G)	5	»		
Manoël (Mme de)	15	»		
Par la même	10	»		
Collecte par M. L. Vallette, proposant :				
Rey Filliol	5	»		
Filliol père	5	»		
Filliol (Mlle)	4	»		
Filliol (G.)	2	»		
X	2	»		
Naville (Ernest) (M. et Mme)	15	»		
	475	»		
Tronchin, le colonel	150	»		
Boissier (Edmond)	50	»		
Collecte par M. d'Espine	225	»		
Collecte par M. Moynier (Gustave)	272	»		
Butini de la Rive (M. et Mme)	100	»		
Eynard Lullin (M. et Mme)	1,000	»		
2e envoi de M. d'Espine	20	»		
			2,292	»

GENNEVILLERS (Seine).

	fr.	c.	fr.	c.
Toupet (M. et Mme)			20	»

GIROMAGNY.

	fr.	c.	fr.	c.
Boigeol fils	100	»		
Warnod (Mme)	20	»		
			120	»

GUEBWILLER.

Collecte par M. Schlumberger (N.)

	fr.	c.	fr.	c.
Schlumberger père (Nicolas)	100	»		
Frey (Ferdinand)	20	»		
Frey (Théodore)	10	»		
Rücker	10	»		
Koechlin Witz (Jean)	3	»		
Witz-Witz (Mme)	15	»		
Schlumberger Hartmann (N)	40	»		
Weinmann-Ziegler	3	»		
A reporter.	201	»	8,676	95

Messieurs	fr.	c.	fr.	c.
Reports...	201	»	8,676	95
Weber Blech.	10	»		
Debary (Fritz et Albert).	40	»		
Jongh (E. de).	10	»		
Jongh (C. de).	10	»		
Schouller	3	»		
Benck.	5	»		
J. Koechlin Benck. . . .	5	»		
Bourcart (J.J.) . . . .)				
Id. (Henry). . . >	50	»		
Id. (Charles). .)				
Witz Greuter.	10	»		
Straszewicz (A.).. . . .	5	»		
Grosjean Ziegler (Mme).	10	»		
Kessler (F.)..	5	»		
Morel Fatio.	5	»		
Frey (Henry).	20	»		
Frey (Robert).	5	»		
Schlumberger (Henri) . .	50	»		
Schlumberger (Jean). . .	40	»		
			484	»

HAVRE.

Collecte par MM. Poulain et Amphoux, pasteurs. . . .	925	»		
Lavotte (H.), et quelques amis.	10	»		
			935	»

LÉMÉ (Aisne).

MM. les anciens de l'Eglise, par M. Cailliatte, pasteur.			60	»

LILLE.

Collecte de M. le pasteur Frossard :				
Don du conseil presbytéral de Lille.	50	»		
Mme Collet.	5	»		
Divers anonymes.. . . .	20	»		
Ch. Frossard, pasteur. .	25	»		
			100	»

LOURDE (Hautes-Pyrénées).

Dordins (Mmes)			5	»

LUNEL (Hérault).

Par M. le pasteur Bazille :				
Collecte au service du soir.	5	40		
Anonyme..	»	60		
Anonyme..	»	75		
Flayol (Mme).	1	»		
Reboul-Melon (Mme). . .	1	»		

Messieurs	fr.	c.	fr.	c.
Reports...	8	75	10,260	95
Périé-Arnassan (Mme vᵉ).	1	»		
Verquière-Auguste (Mme)	1	»		
Margouirez (Mme).. . . .	1	»		
Fenouillet (Mme).	1	»		
Chapelle (Gustave), catéchumène.	»	50		
Micaud (Mme).	2	50		
Laurent (Mme).	1	50		
Vigouroux (Mme). . . .	3	»		
Périé (Auguste).	5	»		
Drouillon.	5	»		
Ducros (Jean-Jacques). .	5	»		
Tempié (M. et Mme). . .	10	»		
Ménard-Vignolles. . . .	5	»		
Reynaud (Mme).	5	»		
Sauvajol (Mme Numa). .	5	»		
Sauvajol (Ulysse). . . .	10	»		
Sauvajol (Mme veuve). .	15	»		
Médard (Jules).	15	»		
Médard (Melles Sara et Mathilde).	15	»		
Bazille (Gustave), pasteur.	5	»		
			120	25

LUNERAY.

Collecte par M. le pasteur E. Berthe :				
Lambert.	20	»		
Poullard (Mme Frédér.).	20	»		
Poullard de Roquigny.. .	5	»		
L'Annexe des Mesnils. .	10	»		
Turquet (Auguste).. . . .	1	»		
Scherer, instituteur. . .	2	»		
Paulin, ex-instituteur.. .	1	»		
Hoffmann (Mlle Emilie)..	2	»		
Hoffmann (Henriette).. .	»	50		
Bouleu (Mme veuve). . .	1	50		
Benoit (Thémise). . . .	2	»		
Hoinville (Jacques).. . .	1	»		
Colleu (David et Marie)..	3	»		
Anonyme.	1	50		
Duvry (Jean), de St-Pierre	5	»		
Bouleu (Jacob).	2	»		
Pilleu, instituteur. . . .	»	50		
Pigné (Catherine). . . .	1	»		
Pigné (Frédéric).. . . .	1	»		
Poullard (Jacques) . . .	10	»		
Poullard père (Jean). . .	5	»		
Poullard fils (Jean). . . .	5	»		
Hauchecorne (Pierre) . .	»	50		
Pigné-Hallot (Jean). . .	»	50		
Savary (Pierre).	1	»		
Noël (Auguste).	5	»		
Noël (Frédéric).	2	50		

A reporter...	8	75	10,269	95
A reporter...	109	50	10,381	20

Messieurs	fr. c.	fr. c.
Reports. .	109 50	10,381 20
Noël (Pierre).	1 »	
Noël (Jean).	2 »	
Noël (Mlle Sophie). . . .	2 50	
Thillais (Léon).	5 »	
Lheureux (Pierre). . . .	2 »	
Sardans (Jacques). . . .	2 »	
Sénécal (Daniel).	3 »	
Poullard (Edmond). . . .	5 »	
Berthe, pasteur.	16 50	
Plus.	2 »	
		150 50

MARSEILLE.

Messieurs	fr. c.	fr. c.
Schlœsing frères.	50 »	
Liquier Dalbis et Molines	50 »	
Imer aîné	100 »	
Par M. Alph. Baux :		
Fraissinet (M. et Mme Marc).	45 »	
Bazin (M. et Mme Max). .	20 »	
Fraissinet (M. et Mme Ad.)	100 »	
Fraissinet (M. et Mme J.-Marc).	10 »	
Fraissinet (M. et Mme Louis).	10 »	
Baux (M. et Mme Jules). .	20 »	
Baux (M. et Mme Alph.).	10 »	
Fraissinet (M. et Mme Eugène).	5 »	
Par M. Jules Baux :		
Hœffer.	40 »	
Masson (Mme).	10 »	
Mathieu (Mlle)	5 »	
Knoderer.	10 »	
Basset (Mme).	10 »	
Couve (E.).	10 »	
Anonyme.	5 »	
Faucher	5 »	
Anonyme, par M. A. Fraissinet.	50 »	
Id. Id. . . .	35 »	
Debourg.	25 »	
Degraz.	10 »	
Par M. le pasteur Jean Monod :		
Roulet et Chaponnière. .	100 »	
Mujes (Henri de). . . .	20 »	
Quelques amis.	25 »	
Un envoi de M. Jules Baux, de la part de.	50 »	
		830 »

MENS.

Collecte par M. le pasteur Cadoret	70 »	

A reporter. .		11,431 70

Messieurs		fr. c.
Report. .		11,431 70

MONTBÉLIARD.

	fr. c.	
Collecte par M. le pasteur Masson, inspecteur ecclésiastique :		
Sahler (Ferd.), filateur. . .	20 »	
Fallot père.	10 »	
Morel père, banquier. . .	10 »	
Jeanmaire (Mme veuve). .	2 »	
Sahler-Duvernoy (Mme Emilie).	2 »	
Onstolet Surleau.	5 »	
Scharfenstein (Mme). . .	2 50	
Boigeol (Mme veuve). . .	5 »	
Maire (Jean), pasteur. . .	10 50	
Surleau, pasteur.	5 »	
Sahler, pasteur.	5 »	
Goguel (Aug.)	5 »	
Lalance (Ch.).	10 »	
Leconte (Ch.).	20 »	
Marti (S.).	5 »	
Masson, inspecteur ecclésiastique.	10 »	
Caisse d'aumônes de l'Eglise Saint-Georges, au faub. de Montbéliard. .	5 »	
		132 »

MONTMEYRAN (Drôme).

Par M. le pasteur Bois :		
Eglise de Montmeyran. .	60 »	
Annexe de Labeaume-Cornillaune.	15 »	
		75 »

MULHOUSE.

Collecte recueillie par M. le pasteur Bernard :		
Une domestique.	3 »	
Schœn Witz (Mme veuve).	5 »	
Bernard (H.), pasteur. . .	20 »	
Collecte particulière recueillie dans une réunion chez M. le pasteur Bernard.	30 80	
Tachard, pasteur.	10 »	
Le denier d'un anonyme.	2 »	
Un anonyme	5 »	
Zuber (Fréd.).	100 »	
Bauer (le docteur). . . .	25 »	
Bohn Keller (Mme). . .	5 »	
Keller (Ch.).	5 »	
Kielmann (Mme veuve). .	50 »	

A reporter.	260 80	11,638 70

Messieurs	fr. c.	fr. c.
Reports.	260 80	11,638 70
Kœnig (Ch.)	10 »	
Kœnig (Jean)	10 »	
Anonyme	50 »	
Anonyme	15 »	
Zuber mère (Mme veuve)	50 »	
Deux anonymes	10 »	
Sterck Fries	3 »	
Ehrsam Kiss (Mme)	5 »	
Risler Kiss (Mme)	5 »	
Kœnig (Alexandre)	10 »	
Frapp (Edouard)	20 »	
Grosheintz (Henri)	10 »	
Dubied (Ed.)	20 »	
Vaucher (Mme)	15 »	
Koechlin (Emile)	60 »	
Schlumberger (Alphonse)	40 »	
Christin (Mlle Julie)	5 »	
Couleru	10 »	
Hornung (Mme)	5 »	
Massin (Mme)	5 »	
Schlumberger (Mlle Em.)	10 »	
Les deux petits Massin	1 »	
Kœchlin Dollfus (Mme Jean)	5 »	
Ehrmann, de Rixheim	5 »	
Anonyme	1 »	
Id.	1 »	
Sm.	1 10	
Suchard (Mme Aug.)	10 »	
Reber (Mme veuve)	20 »	
Schœn, D[r]	10 »	
Deux anonymes	10 »	
Anonyme	20 »	
Meyer (Valentin)	10 »	
Schœn Scheurer	12 »	
Küss de Colmar (Aug.)	5 »	
	739 90	
Bidlingmeyer (Mme)	2 »	
Kœchlin (Mme Ferdinand)	20 »	
Munsbendel (Henri)	5 »	
Zuber (Victor)	10 »	
Muller Masson, de Colmar	10 »	
Humbert-Prince	10 »	
Bernard père (H.)	6 »	
Mucheren (Mme de)	4 »	
Thierry (Mme Pierre)	5 »	
	811 90	
Hofer Grosjean (Ed.)	100 »	
Dollfus (Jean)	50 »	
		961 90
A reporter		12,600 60

Messieurs	fr. c.	
Report		12,600 60

NANTES.

Par M. le pasteur Vauri-
rigaud :

Collecte au temple	190 »	
Envoyé par plusieurs mem- bres de l'Eglise à M. le past. Vaurigaud	187 50	
		377 50

NIEDERBRONN (Bas-Rhin).

Par M. de Dietrich :

Niederbronn et environs, collecte	226 80	
Gunderthoffen, collecte par M. le pasteur Lich- tenberger	117 »	
		343 80

NIMES (Gard).

Granier (E.)		200 »

NIORT.

Par MM. les pasteurs Jaubert et
Montet :

Masson	10 »	
Gentils	30 »	
Biré, ancien	5 »	
Dubois de Saran	5 »	
Dubois de Saran père, an- cien	5 »	
De Bonnecour, ancien	5 »	
Jaubert, pasteur	5 »	
Montet, pasteur	5 »	
Blanchet	5 »	
Biget, ancien	3 »	
Arduser	2 »	
Guionnet (Mme)	3 »	
Tondut	5 »	
Gautereau	5 »	
Bodin (Mme)	5 »	
Biré (Félix)	5 »	
Roy (Mme)	3 »	
Vincent	10 »	
		116 »

OLIVET (Loiret).

Hollard (J.)	20 »	
Mejean (Gustave)	20 »	
		40 »
A reporter		13,677 90

Messieurs	fr.	c.
Report...	13,677	90

ORTHEZ.

	fr.	c.
Collecte faite par M. le pasteur Gabriac....	227	»

PARIS.

Messieurs	fr.	c.
André (Ernest)....	15,000	»
André (Edouard), officier au 8e lanciers..	5,000	»
Anonyme..	10	»
Vernes (Charles)...	100	»
Waldemar Monod...	100	»
Le pasteur Bridel et (Mme).....	100	»
Coulmann.....	20	»
Pourtalès (le comte Robert de).....	100	»
Vernes (Théodore)...	100	»
Walther (Mme André).	50	»
Bartholdi (Mme la baronne)......	60	»
Rivet (Mme André)...	100	»
Neuflize (M. le baron et Mme la baronne de)......	20	»
Oppermann.....	100	»
Schickler (Mme la baronne)......	200	»
Berckheim (Mme la baronne de).....	100	»
Jaucourt (M. le comte et Mme la comtesse de)|......	50	»
Hagermann.....	100	»
Zellweger......	1,000	»
Dufour, banquier...	200	»
Paccard, banquier...	100	»
Staël (Mme la baronne de).......	200	»
Labouchère (M. et Mme Pierre)....	50	»
Sautter - Rieu (M. et Mme)......	50	»
Monod (le Dr. Gustave)	50	»
Holtermann (Mme)..	50	»
Champlouis (Mme la baronne de).....	60	»
Pourtalès Gorgier (le comte de).....	100	»
Annonyme, par M. le Dr. G. Monod...	5	»
Eisenlohr (Mme)...	20	»
Thierry-Mieg.....	10	»
A reporter.	23,205	» 13,904 90

Messieurs	fr.	c.	fr.	c.
Reports..	23,205	»	13,904	90
Vincens-Saint-Laurent (Mlle)......			50	»
Roussel, de Marseille..			20	»
Mallet (Henry)....			50	»
Widmer (Mme)....			20	»
Haussmann (Mme)...			100	»
Thomas......			20	»
Mortimer (Mme)....			22	»
Berry (Mlle).....			5	»
M. le pasteur Fréd. Monod et Mme....			10	»
M. le pasteur H. Paumier et Mme....			40	»
Delessert (F.)....			200	»
De Vivès, colonel...			25	»
Keller, chef d'institution.....			20	.
Rossew de St-Hilaire.			20	»
Thierry frères, lithographes......			20	»
Lentz, organiste....			2	»
Wiese (Jules).....			20	»
Bussière (Léon de)..			40	»
Jauge (Mme).....			20	»
Mallet (Mme Alphonse)			40	»
Vernes (Félix)....			100	»
Laffon de Ladébat...			20	»
Bussierre (Mme la baronne de), née Hagermann......			100	»
M. le pasteur Armand Delille et Mme)....			30	»
M. le pasteur Cook..			5	»
Seydoux, député, membre du conseil central.......			100	»
Wagner.......			50	»
Un anonyme allemand.			20	»
Vallette, pasteur...			10	»
Monneron, pasteur..			5	»
Bettina de Guaita (Mlle)			5	»
			24,394	»

PAS (Pas-de-Calais).

	fr.	c.
Petit (Mme).........	3	»

PRAILLES (Deux-Sèvres).

	fr.	c.
Collecte par M. le pasteur Barrau.	15	»

PORT SAINTE-FOY.

Colllecte par M. le pasteur Jousse:

Collecte dans le temple de

A reporter...	38,316	90

Messieurs		fr. c.
Report.	. 38,316 90	
Montcaret	70	»
Collecte dans le temple de Lagarde.	18	»
Collecte dans le temple de Saint-Antoine.	13	»
Collecte dans le temple du port Sainte-Foy.	12	»
Larraye	10	»
Gaussen (Mme).	5	»
Raymond (Mme).	5	»
Faure aîné	5	»
Collecte dans l'église de Castillon, par M. le pasteur Biot.	33	»
		171 »

PUYLAURENS.

Collecte par M. Pradel, pasteur.	58 90	

RÉALMONT (Tarn).

Collecte par M. le pasteur Armengaud.	71	»

REIMS.

Heidsick et Comp.	100	»
Walbaum (Ferd.).	100	»
Une réunion religieuse.	10	»
Une société.	2	»
		212 »

RIXHEIM.

Rieder.	84	»

ROCHEFORT.

Collecte faite par M. le pasteur Puaux :

Institution Bernard-Palissy.

Mettetal, directeur.	20	»
Porchat, professeur.	2	»
Bauer, professeur.	3	»
Les élèves.	10	»
Chevalier.	5	»
Lesselet.	1 50	
Allaire (Mme).	10	»
Gallay (M. et Mme).	15	»
Charron et Boufflard.	10	»
Biscon.	10	»
La famille Viaud.	6 50	
Scartassin (Mme Thomas)	5	»
Anonyme	4	»
A reporter.	. 102 »	38,913 80

Messieurs		fr. c.	fr. c.
Reports.	. 102 »	38,913 80	
Galland, professeur au collége.	5	»	
Vinceus, pasteur à Mornac.	2	»	
Ardoin (Mme).	1	»	
Gérard (Mme).	10	»	
Garnier, ingénieur.	10	»	
Courtois, pasteur à Celle.	3 35		
Scartassin (Mme Antoine)	5	»	
Lange, consul suédois.	5	»	
Levrat.	2	»	
Puaux, pasteur.	5	»	
Mazauric.	10	»	
Collecte faite par M. Guérin, évangéliste.	7	»	
			167 35

LA ROCHELLE
(Charente-Inférieure).

Collecte par M. Dumas, pasteur.	430	»

ROTHAU (Vosges).

Collecte par M. le pasteur Bühlmann.	203 75	

ROQUECOURBE (Tarn).

Houlez, pasteur.	5	»
Daniel-Fosse, ancien.	10	»
Bonnet (J.-J.), id.	10	»
Cumenge (Chéri), id.	10	»
Raynaud-Daniel, id.	5	»
Alba-Lasource, id.	5	»
Sompayrac, du Pujet, diacre.	3	»
Pagès-Cayre, id.	2	»
Monsarrat (Marc), id.	3	»
Naudin, id.	3	»
Puech, capitaine retraité, id.	3	»
Cumenge-Bonafoux.	5	»
Fosse (Henri).	3	»
Pagès (Louis).	» 50	
Bonnaffé, docteur-médecin.	1	»
Monsarrat (Louis).	5	»
Monsarrat (Charles).	5	»
Fosse (Léon).	5	»
Monsarrat (Simon).	10	»
Foulcher, juge-de-paix.	5	»
Fosse, notaire.	3	»
Fosse aîné.	10	»
Foulcher (Mme N.).	5	»
Chabbert-Cabrol.	5	»
A reporter.	. 120 50	39,714 90

Messieurs	fr. c.	fr. c.
Reports. .	120 50	39,714 90
Julien, ancien notaire.. .	5 »	
Soulié (Louis)..	5 »	
Viela, voyageur. . . .	3 »	
Fosse (Jean-Jacques)...	3 »	
Viela-Azam.	1 50	
Raynaud-Grach.	5 »	
Viela (Emile).	1 »	
Foulcher (Mlle Eugénie).	2 »	
Sompayrac (Mme), du Pujet.	2 »	
David-Viela cadet. . . .	2 »	
Bruguière (Edouard)...	2 »	
Monsarrat-Daniel. . . .	3 »	
David-Pagès et fils.. . .	3 »	
Brenac-Cumenge. . . .	5 »	
David-Puech.	2 »	
Gaches (Mme veuve).. .	5 »	
	171 »	
A déduire, pour frais.	3 54	
		167 46

ROUEN.

Collecte par M. le pasteur
G. Monod :

Rondeaux-Pouchot(Mme).	50 »	
Fouvay (Jacques).. . . .	15 »	
Eugammare..	10 »	
Rowcliffe (Mme).. . . .	10 »	
Rowcliffe (Mlle L.).. . .	5 »	
Rowcliffe (Mlle Léontine).	3 »	
Anonyme.	5 »	
Monod (G.), pasteur. . .	5 »	
Plus..	15 »	
	118 »	

Collecte par M. le pasteur
président Paumier :

Fauquet Lemaître (Mme).	50 »	
Vivier (Mme la comtesse du).	10 »	
D'Enville et Pottier(Mmes)	10 »	
Gaillard-Lemaître. . . .	10 »	
Pouchet (P.-A.).	5 »	
		203 »

SAINT-ANTONIN (Tarn et Gar.)

Collecte faite par M. le pasteur Laforgue.. . . . . 55 83

SAINTE-MARIE-AUX-MINES (Haut-Rhin).

Collecte par M. Ulrich, membre du consistoire supérieur. . . . 215 »

A reporter. . 40,356 19

Messieurs		fr. c.
Report. .		40,356 19

SAINTE-FOY.

Collecte par M. Grotz, pasteur. . 170 »

SAINT-JEAN-DU-GARD (Gard).

Collecte par M. le pasteur Meinadier.. . . . . 40 »

SAINT-JEAN-DE-MARVÉJOLS (Gard).

Collecte par M. Dadre, pasteur. . 70 »

SALIES.

Collecte par M. le pasteur Sam. Bost.	20 »	
Pecaut..	10 »	
		30 »

SAUVETERRE-DU-BEARN.

Collecte par M. le pasteur M.-A. Mourgues.. . . . . 85 »

SEDAN (Ardennes).

Collecte par M. le pasteur A. Bost. 36 »

SUMÈNE (Gard)

Collecte par M. le pasteur Kleinhennig.. . . . . 25 »

TOULOUSE.

Courtois (MM.). . . . . 100 »

TROYES (Aube).

Collecte par M. le pasteur Recordon. 22 »

VALLON (Ardèche).

Collecte par M. le pasteur Durand..	95 75	
Collecte à Lagorce (Ardèche), par ledit. . . .	40 »	
Collecte à Salavas (Ardèche), par ledit. . . .	14 25	
		150 »

VALENCE (Drôme).

Par M. le pasteur Meynadier :
Blay (M. et Mme Isaac), de l'Etro. . . . . 2 »

A reporter. . 2 » 41,084 19

Messieurs		fr.	c.
Reports. .	2	» 41,084	19
Bourette (Marion), domestique.	1	»	
Bonvat (Mlle Louise) . .	2	»	
Bouvat (Mme) des Sylvains	2	»	
Chambaud (Claude). . . .	2	»	
Chirol, professeur. . . .	2	»	
Combe (Mme), née Clément.	5	»	
Dautheville (Mlle Louise)	20	»	
Debeaux (Mme).	5	»	
Delisle (Mlle Juliette). . .	1	»	
Dupont, membre du consistoire.	1	»	
Gay (Mme).	10	»	
Goujon, membre du consistoire.	2	»	
Guillot (Henriette), domestique.		50	
De Lacondamine, receveur des domaines.	5	»	
Lambert (Mme), boulanger	5	»	
Longueville père, membre du consistoire.	2	»	
Mercier (Mme), marchande tailleur.	3	»	
Meynadier, pasteur. . . .	10	»	
Roman, pasteur.	4	»	
Sauve (Mme).	2	»	
Séruselat , négociant à Etoile, membre du consistoire.	25	»	
Trouillat, membre du consistoire.	5	»	
Véron, membre du consistoire.	2	»	
Réunion chrétienne de jeunes gens.	12	50	
G. B.	50	»	
		181	»

CANTON DE VAUD.

Anonyme, par M. Vallette, pas-

A reporter. . 41,265 19

Messieurs		fr.	c.
Report. . 41,265			19
teur.	200	»	
Collecte dans l'église libre d'Yverdon, par M. Garin, ministre :			
Morel (Jules).	10	»	
Cordey de Saussure. . .	5	»	
Rougemont (M. Fréd. de)	5	»	
Besson (Mlle Cécile). . .	3	»	
Rusillon de Brackel (Mme)	2	»	
Decoppet, pasteur. . . .	1	»	
Garin, ministre.	2	»	
		28	»
M. Archinard, pasteur à Bullet.	5	»	
Par M. et Mme Eynard Lullin (voyez pour eux, Genève).			
Meuricoffre (Mme veuve).	50	»	
Meuricoffre (O.)	40	»	
Archer (Mme).	20	»	
Vincy (Mme de).	15	»	
Eynard (Charles). . . .	25	»	
		383	»

WALDERSBACH (Vosges).

Collecte par M. le pasteur Witz. 62 »

WALINCOURT (Nord).

Collecte par M. Vallotton, pasteur :			
Cattelain (David).	2	»	
Roussiez Lavallée. . . .	2	»	
Proy (Pierre).	5	»	
Roussiez Cattelain. . . .	3	»	
Droubay (Henry).	3	»	
Gilliard (P. Joseph). . .	2	»	
Roussiez (Joseph). . . .	1	»	
Valloton, pasteur.	9	»	
Droubay (Mme veuve). . .	5	»	
Cattelain (Mme veuve Félicité).	2	»	
		34	»

Total. 41,744 19

Supplément aux dons reçus par MM. le pasteur Vallette.

	fr.	c.
Deuxième don de M. G. Goguel, pasteur à Sainte-Suzanne.. . .	10	»
Collecte à Rixheim, par M. E. Ehrmann..	71	85
Collecte à Montéchéroux, par Saint-Hippolyte (Doubs), par M. J.-E. Paur, pasteur, dont 2 fr. par M. Perrelet, de Villars-les-Blamont.	73	05
M. J.-E. Gautier, président du Conseil central, Paris.	100	»
Collecte à Ste-Agrève (Ardèche), par M. le pasteur Chabal.. . .	57	»
Collecte à Bastie-d'Andouze (Consistoire de St-Agrève), par M. le pasteur Boyer.	22	»
Famille Beaumont, de Collonges, près Genève.	30	»
M. et Mme Mussard-Claparède, Genève.	10	»
M. et Mme Charles Saladin, Genève.	50	»
M. J. Claparède, chapelain de l'hôpital, Genève.	10	»
M. Rouville, pasteur, Paris.. . .	10	»
Anonyme, par Mlle Malvesin, Paris	20	»
M. Ed. Saigey, pasteur à Wesserling, de la part du Conseil presbytéral.	101	»
M. Ernst, Paris..	20	»
Le margrave Guillaume, Carlsruhe	21	»
Mme veuve Ehrmann, Strasbourg	5	»

Nîmes.

Envoi de M. Borrel, pasteur :

	fr.	c.
Mme veuve Boissier-Lauront..	5	»
M. Heimpel-Boissier. . .	10	»
M. Casimir Boissier. . .	5	»
M. et Mme Jules Salles..	10	»
M. Albin Im-Thurn. . .	30	»
M. de Clausonne père. .	10	»
M. de Clausonne fils. . .	10	»
M. Alfred Silhol. . . .	20	»
M. Alphonse Dumas...	20	»
Mlle Bergeron.	10	»
M. et Mme Nègre-Bergeron.	20	»
Mlle Fanny Nègre.. . .	5	»
M. et Mme Causse-Nègre	10	»
M. et Mme Armand de Flaux.	10	»

A reporter.. 175 » 610 90

	fr.	c.	fr.	c.
Reports. . .	175	»	610	90
M. et Mme de Rouville. .	10	»		
M. et Mme Benoit Favant	10	»		
Mmes Jalaguier et Delpuech.	10	»		
Mlle Roquebœuf.. . . .	3	»		
Mme Jourdan-Roux. . .	2	»		
M. et Mme Foulc-Amalry.	10	»		
M. et Mme Devillas-Foulc	10	»		
M. et Mme Prade-Foulc.	10	»		
Mme Brun.	2	»		
Mme veuve d'Espinassous	20	»		
M. Alphonse d'Espinassous.	20	»		
M. et Mme Léon Meynier	20	»		
M. et Mme Olivier Veautte	20	»		
M. Guibal, de Castres. .	5	»		
Mlle Cotelle Robert. . .	10	»		
M. de la Farelle.. . . .	10	»		
M. et Mme Mazariu. . .	10	»		
M. et Mme Cler père. .	20	»		
M. et Mme Cler-Meynier fils..	20	»		
Mme veuve du Crouzet. .	10	»		
M. Charles Meynier.. . .	10	»		
M. et Mme Donnadieu, de Vabres..	20	»		
M. et Mme Devillas-Amalry	20	»		
M. et Mme Cazeing. . .	20	»		
Mlles Arnaud-Gaidan...	10	»		
M. Edouard Levat. . .	30	»		
Une femme peu fortunée.	5	»		
Mlle Sélima Noguier.. .	5	»		
M. Léon Noguier. . . .	10	»		
Anonyme, par M. Léon Noguier.	25	»		
Mme Vve Molines Martin.	10	»		
M. et Mme Emilien Molines.	5	»		
Mme Nelson Molines.. .	5	»		
Mme Lauret-Meruisier. .	2	»		
Mme Dussaut-Hermet. .	2	»		
MM. Flaissier frères.. .	15	»		
M. Guibal-Parlier. . . .	50	»		
Mlle Marie Levat. . . .	10	»		
Mme veuve Reutin.. . .	5	»		
Quelques soldats du 39e de ligne..	7	30		
M. Jacques Rolland. . .	10	»		
M. et Mme Jules Nègre.	15	»		
Mme Martin-Rouvière. .	10	»		
M. Emile Picheral.. . .	5	»		

A reporter. . . 713 30 610 90

	fr. c.	fr. c.
Reports.	713 30	610 90
M. Huguet, de Saint-Césaire..	5 »	
M. Olive-Meynadier...	20 »	
M. Charles de Flaux..	5 »	
M. et Mme Donzel-Lecointe.	20 »	
M. et Mme Albert Pieyre, de la Salle..	20 »	
M. Albin Colomb...	25 »	
M. de Daunant aîné...	25 »	
Les pasteurs de Nîmes..	45 »	
Le Comité de la Société d'Evangélisation...	100 »	
	978 30	
A déduire pour frais de recouvrement....	12 »	
		966 30

Saint-Gilles (Gard).
Par M. Mommeja, pasteur.

	fr. c.
M. Peyron Ferdinand..	30 »
M. Jalaguier-Ramondenc.	20 »
M. Ramondenc....	5 »
Mme Brun......	5 »
M. Soulier fils....	5 »
Mme Soulier.....	10 »
M. Mommeja, pasteur..	10 »
M. Peyron père....	10 »
Mme Marignan-Jalaguier.	10 »
M. Valz Villard....	5 »
M. Cavallier.....	10 »
M. Granaud Vincent..	5 »
M. Aurillon, notaire...	5 »
Mme veuve Aurillon...	2 »
Mme Clavel-Plantier...	2 »
Mme Vézian.....	3 »
Mme Aurillon Jacques..	3 »
M. Antonin.......	3 »
M. Fabrègue......	5 »
Mme André......	5 »
	153 »

Uzès.
Par M. Doumergue, pasteur.

	fr. c.
M. Antoine Dizier, de St-Quentin...	2 »
M. André Dizier, id..	2 »
M. Louis Pasquier, id..	1 »
M. Pouget, d'Uzès...	1 »
M. Ferdinand Vincent..	5 »
Mme veuve Soleirot...	1 »
M. Jules Abauzit....	5 »
Mme veuve Pepin....	» 50
A reporter..	17 50	1,730 20

	fr. c.	fr. c.
Reports...	17 50	1,730 20
Mme Vve Verdier-Larnac.	5 »	
M. Ducamp.......	2 »	
MM. Peladan et Jouquet.	5 »	
Mme Tur.......	2 »	
M. Alphonse Abauzit..	5 »	
M. Gide.......	5 »	
Mme Crouzet......	2 »	
M. Coste.......	6 »	
M. Henri Abauzit....	5 »	
M. Gaston Vincent...	5 »	
Mme veuve Piolenc...	5 »	
M. Jacques Matthieu..	7 »	
M. Doumergue, pasteur..	5 »	
M. E. de Flaux.....	5 »	
Mme veuve Tupinier...	5 »	

Envoi de M. Saussine, pasteur.

	fr. c.
M. Eldin de Pécoulat..	5 »
M. Saussine, pasteur..	3 »
M. Henri Lafont....	20 »
M. Ch. Chazal....	5 »
M. Bernard-Teissier...	2 »
Mlle Vigne......	2 »
M. Barre aîné....	1 50
M. Robert de Barjeton..	2 50
	127 50

		fr. c.
Boissières. M. Antoine-Jean Boissier...		5 »
Saint-Géniès, par M. Moulinié, p^r.		34 50
Codognan, par M. Barry, pasteur.		263 50
Beauvoisin, par M. Mouton, pasteur...		85 50

Troisième envoi de Genève, de M. Ed. Berger de Lavergne.

	fr. c.
Une société de protestants Genevois, à Turin.....	85 »
Par M. Pasquet......	10 »
Première collecte parmi les étudiants en théologie de l'école nationale, à Genève.....	55 »
	150 »

		fr. c.
Eglise de *la Salvanié*, par M. Th. Barrau, pasteur........		28 50
Nouvel envoi de Genève.....		10 »
Complément de la collecte de Castres, par M. Dombre, pasteur..		5 »
		2,439 70
Total précédent..		41,744 19
Total général..		44,183 89

Les dons encaissés depuis le 1er mars 1855 paraîtront dans une autre liste.

Sommes reçues directement par M. André, *Trésorier*.

	fr.	c.
M. le baron Mallet.	300	»
M. Jameson.	300	»
Mme Bartholdi	100	»
M. Rapin de Thoyras.	500	»
M. le pasteur Castel, des Ajeux (Oise)..	50	»
M. le pasteur Arnaud, à Lamastre (Ardèche).	5	»
M. Manault, à La Réole.	20	»
M. le pasteur Pons, de Jensac.. .	100	»
M. le pasteur Barde, de Genève..	111	50
De divers, de Vergès (Gard). . .	50	»
M. le pasteur Charlier, de Landouzy (Aisne).	41	»
M. le pasteur Roustain, de Toulaud (Ardèche).	4	»
M. Jackson (William).	10	»
M. Jackson (James).	10	»
M. Cambau, de Latour-du-Pin. .	2	»
M. le pasteur Delbart, de St-Martin (île de Ré).	19	»

De M. le pasteur Corbière :

	fr.	c.
Pour l'Eglise de Montpellier. . .	825	»
Id. de Cette.	140	»
Id. de Pignan.	138	75
Id. de Cournonterral. .	26	»
M. le pasteur Faure, de Jailleux (Isère).	27	»

Souscription à Barry-d'Islemade
(Tarn-et-Garonne).

Envoi de M. Meineau, pasteur.

	fr.	c.
M. Bertrand Delrieu. . .	50	»
M. Pierre Boyé.	10	»
M. Philippe Aché. . . .	10	»
M. Billières, instituteur. .	5	»
Mme veuve Delrieu. . .	5	»
M. Jean Tournou. . . .	5	»
Mme Aché-Gineste.. . . .	5	»
M. Etienne Aché. . . .	5	»
M. Meineau, pasteur.. .	5	»
M. Boyé neveu.	2	50
M. Bernard Capelle. . .	2	»
M. Jean Belluc.	2	»
M. Jean Borrel.	1	»
M. Blaise Chambart. . .	1	»
M. Jean Griffoul.. . . .	1	»
Mlle Catherine Bastié.. .	1	»
M. Jean Sabatié.	1	»
M. Pierre Moulet. . . .	»	50

A reporter. . . 112 » 2,779 25

	fr.	c.	fr.	c.
Reports. . .	112	»	2,779	25
M. Pascal Sabatié. . . .	»	50		
M. Sabatié-Lamer.	»	50		
	113	»		
A déduire, pour frais d'envoi.	3	»		
			110	»

Eglise de Toulouse.

Envoi de M. Chabrand, pasteur.

	fr.	c.
Mme Louis Borel. . . .	5	»
M. Langlade.	4	»
MM. François, Louis et Armand Courtois.. . .	100	»
Un anonyme..	100	»
Mlle Marie Verdulluan. .	50	»
Mme Laurens.	8	»
Mme veuve Lebas. . . .	2	»
Mme Marie Rouaix, née Vidal.	1	»
M. et Mme Mather.. . .	50	»
M. et Mme Franc-Courtois	50	»
M. Chabrand, pasteur. .	10	»
Mme Chabrand.	5	»
M. E. Vaisse.	5	»
Mme Crupi.	2	»
M. Adolphe Vaisse. . . .	5	»
Mme Gastambide. . . .	20	»
M. Martin Paulin.. . . .	20	»
M. Feltz.	25	»
M. Ed. Sol..	25	»
M. Sabatié.	5	»
Mme Calvet-Besson. . .	20	»
Mlle Marie Cademe, domestique.	1	»
M. Jules Peyre et Mlle Fanny Peyre.	50	»
M. Brizard.	10	»
M. Jules Lautre..	5	»
M. Batut.	5	»
M. et Mme Bergis. . . .	10	»
M. Sylvain Sol.	20	»
M. Paul Sol..	10	»
Mme Laval.	10	»
M. Gustave Deville. . .	2	»
M. Frédéric Cabibel. . .	5	»
	640	»
Dépensé pour négociation de l'effet. . .	1	»
			639	»

A reporter. . . 3,528 25

	fr.	c.
Report. . .	3,528	25

Eglise de Milhau (Aveyron).

Par M. Boube, pasteur.

	fr.	c.
M. Léon Dalbys.	5	»
M. Prévot-Mathieu.. . .	5	»
M. Etienne Benoît. . . .	5	»
M. de Carbon-Ferrière. .	5	»
M. Boube, pasteur. . . .	5	»
M. Paul Bonhomme. . .	5	»
M. César Loirette. . . .	5	»
M. Paul Redon.	5	»
Mme Lina Allier.	5	»
M. de Carbon - Ferrière père.	10	»
Mme de Carbon-Ferrière.	10	»
Elisabeth, Timothée, Jeanne, Esther et Daniel de Carbon.	9	»
Coulomb.	5	»
M. Gaston Esprécher. . .	3	»
Mme veuve Teulon. . . .	3	»
M. Amiel.	5	»
Mme veuve Creissel.. . .	1	50
M. Adrien Carrière. . . .	5	»
Mme la baronne Capelle. .	5	»
M. Auguste Aldebert. . .	5	»
M. Guy-Pierre Aimé. . .	1	»
M. Joachim Aldebert. . .	3	»
M. Casimir Aldebert. . .	2	»
M. Galzin.	1	»
Mlle Sophie Memet. . .	2	»
Eloïde Cartailhac. . . .	5	»
M. Adolphe Loirette. . .	2	»
M. Bonhoure.	3	»
M. Lucien Galtier. . . .	2	»
MM. Buscarlet et Guibert	10	»
M. Paul-Frédéric Cabantous.	5	»
M. Galtier aîné.	3	»
M. Teyssier Aimé. . . .	2	»
M. Victor Galtier. . . .	3	»
Mme veuve Enjalbert. . .	5	»
M. Paul Carrière.	5	»
M. Adrien Cabantous. . .	3	»
M. Alphonse Cabantous..	3	»
M. Flotard-Guy.	3	»
Mlle Tyrza Flotard. . . .	2	»
M. Frédéric Flottard. . .	2	»
Mme Vve Paul Carrière-Dupont.	2	»
Mlle Mercier.	2	»
M. Barafort.	2	»
M. Flottard-Carrière. . .	1	»
M. Bosc Numa.	1	»
M. Fesquet..	2	»
A reporter. .	183 50	3,528 25

	fr.	c.	fr.	c.
Reports. . .	183	50	3,528	25
M. Brouillet.	1	50		
Mlle Clémentine Guy. . .	3	»		
M. Guy, dit Daniel. . .	1	»		
Mme Vve Eugène Carrière	4	»		
M. Aimé Guibert. . . .	2	»		
M. Aimé Carrière-Dupont	3	»		
M. Paul Guy.	2	»		
M. Pierre Guibert aîné. .	2	»		
M. Lauret Guy.	1	50		
M. Montet-Guy.. . . .	1	50		
M. Jacques Lauret. . .	1	»		
M. Guilhaume Guy. . .	2	»		
M. Théodore Cabantous.	1	»		
M. Julien Valez.	1	»		
M. Jules Prévot.	5	»		
M. Pierre Aldebert. . . .	5	»		
M. François Cabantous..	1	»		
M. Lucien Aldebert. . .	5	»		
M. Ulysse Aldebert. . .	2	»		
Mlle Emilie Malmontet. .	1	»		
Mme Vve Jacques Guy..	2	»		
M. Malmontet.	2	»		
M. Daniel Cabantous.. .	»	50		
M. Guy, ex-pharmacien..	1	»		
M. Jean Cabantous. . .	1	»		
Mlle Zilla Montet. . . .	»	50		
M. Flourit.	1	»		
M. Vidal, pharmacien. .	2	»		
M. Frédéric Aldebert. .	3	»		
M. Martin Trep.	»	50		
M. Agulhon.	2	»		
Mme Vve Girbal.	2	»		
Mme Vve Frémau. . . .	1	»		
Mme Vve Lauret. . . .	»	50		
M. Mignonac.	1	»		
Mlle Marie Guivet. . . .	»	50		
M. Gabriel Benoit.. . .	»	50		
M. Bruniquel.	1	»		
Alfred Guibert.	3	»		
Madame Vve Nazon-Guibert.	2	»		
M. Alphonse Aldebert. .	5	»		
M. Paul Aldebert.. . .	2	»		
M. Etienne Caldésaigues.	1	»		
Mlle Elmie Guy.	3	»		
M. Aimé Selles.. . . .	1	»		
M. Achilles Selles. . . .	»	50		
Mme Vve Loubière.. . .	2	»		
Mlle Marie Gourdon. . .	»	50		
M. Pierre Gourdon. . .	»	50		
M. Nazon père.	»	50		
M. Joachin Guy.. . . .	3	»		
Mlle Virginie Teyssier. .	1	»		
M. Etienne Cabantous et son épouse.	6	»		
A reporter. . .	282	»	3,528	25

	fr.	c.	fr.	c.
Reports. . .	282	»	3,528	25
Mlle Zélie Boyer.	1	»		
Mlle Sophie Gayraud. . .	»	50		
M. Frédéric Bénézech. .	2	»		
M. Mathieu Malmontet..	2	»		
M. Vidal Cartailhac. . .	3	»		
Mlle Clémence Buscarlet.	1	»		
Mlle Anaïs Buscarlet. . .	1	»		
M. Maffre, pasteur.. . .	2	»		
Plus.	1	»		
			295	50

Eglise de Lyon.

Envoi de MM. les Pasteurs :

	fr.	c.
Anonyme.	»	50
M. Daniel-Audra. . .	100	»
Mme Vve Morin-Pons et Morin.	200	»
M. Frédéric Brolemann..	50	»
M. Jean Bontoux. . . .	60	»
M. Emilien Teissier. . .	50	»
M. Théodore Brouzet. .	30	»
M. Oscar Galline. . . .	100	»
MM. Appold et Schultess	50	»
M. Stengelin.	20	»
M. A. Fischer.	10	»
M. M.-B. Gros.	60	»
M. Penchinat..	10	»
M. Edmond Fitler.. . .	40	»
M. Léon Tessier. . . .	20	»
M. Frédéric Ferrand. .	50	»
M. Fritz Ferrand. . . .	10	»
M. Louis Ferrand.. . .	25	»
Mme veuve Pons (Louis).	10	»
Mme veuve Steiner-Pons.	5	»
M. Dobler Warnery et Morlot.	50	»
M. Gustave Platzmann. .	20	»
M. Riedel Volkmann et Comp.	40	»
Mme Dethel..	25	»
Mme Vve Chion, née Massy.	50	»
M. Belz et Comp. . . .	20	»
M. E. T. Y. Brolemann.	40	»
M. Auguste Roman. . .	5	»
MM. Schulz frères. . . .	40	»
M. Samuel Debar. . . .	60	»
M. Gilllard.	5	»
M. Louis Ferber. . . .	20	»
M. Emile Bouniols. . . .	20	»
M. Henri De Riaz. . . .	20	»
M. Gustave Reichmann.	5	»
M. Antoine Morin.. . .	10	»
M. Blache.	15	»
M. Jacques Breittmayer.	25	»
A reporter. . .	1,370 50	3,823 75

	fr.	c.	fr.	c.
Reports. . .	1,370	50	3,823	75
M. Albert Unsgeller. . .	5	»		
M. Emile Vautier. . .	10	»		
M. D'Albis.	20	»		
M. Koch aîné.	15	»		
M. Alphonse Koch.. . .	5	»		
Mme veuve Koch-Senn..	10	»		
Anonyme.	2	»		
M. Raabe..	10	»		
M. Forrer-Debar. . . .	100	»		
M. Jalla.	10	»		
M. Edouard Duseigneur.	15	»		
M. Jacques Bernard.. .	30	»		
M. Meynard-Debard. . .	20	»		
M. Perregaux-Morin, de Bourgoin.	20	»		
M. Henri Lerch.. . . .	5	»		
MM. Jandin et Duval. .	10	»		
M. Louis Audra.. . . .	10	»		
Mlles Roque..	5	»		
Mlles Wagner.	20	»		
Mlles Decker.	10	»		
M. François Laquiens. .	5	»		
Mlles Sagne..	5	»		
Mme C. D. G.	10	»		
Mme Devillas..	10	»		
Mmes Glover et Vuffray..	10	»		
Mlle Victoire Vuffray. . .	5	»		
Mlle Henri.	2	»		
M. Victor de Cazenove. .	10	»		
Mme Hutter.	5	»		
M. Daniel Beau.	20	»		
M. Rodolphe Dobler. . .	40	»		
M. Elie Bruguière.. . .	20	»		
M. Vautrin..	5	»		
M. Charles Broë. . . .	5	»		
M. Volpelière et Bernard	20	»		
M. Maurice Chabrières..	10	»		
M. Jos Cohen..	10	»		
M. Eugène Buisson, pasteur..	10	»		
M. Jules Aeschimann, id.	5	»		
M. Marcellin Illaire, id..	10	»		
Mme Thibaudier.. . . .	5	»		
M. Emile Galoffre. . .	10	»		
M. F. S. Mayor. . . .	10	»		
M. Juste Gleyre.. . . .	10	»		
M. de Raoul de Cazenove.	10	»		
M. Edouard Collins. . .	5	»		
M. Etienne Rey.	5	»		
Mme Pinel.	5	»		
M. Arthur Brolemann. .	10	»		
Anonyme.	»	50		
M. J. Buchy.	5	»		
Mlle Hortense Blanchon .	10	»		
M. Poschong père. . . .	5	»		
			2,010	»
A reporter. . .			8,833	75

	fr. c.
Report. . .	8,833 75
La Bessonié (Tarn), par M. le pasteur Rabaud.	50 »
Quissac (Gard), par M. le pasteur Grieumard.	50 »
Uzès (Gard), par M. le pasteur Doumergue :	
Mlle Léonie Vincent. . . 5 »	
Mme Vve Vincent aîné. . 5 »	
Mlle Célestine Prades. . 5 »	
M. Frédéric Prades. . . 5 »	
M. Labri. . . . . . . 2 »	
Mme Vve Verdier-Allut. . 5 »	
M. Ferdinand Richard. . 4 »	
Mme veuve X. . . . . . 1 »	
Pension Richardot. . . 8 50	
	40 50
A reporter. . .	8,974 25

	fr. c.
Report. . .	8,975 25
Beauvoisin (Gard), par M. le pasteur Mouton-Garnier.	12 »
M. Petit, pasteur, Paris.	20 »
M. W. de M. id.	5 »
Gajan. M. P. Maystre, pasteur :	
Commune de Fous. . . . 43 »	
Commune de Gajan. . . . 41 »	
	84 »
A déduire pour frais d'envoi. . . . . 2 »	
	82 »
Total. . .	9,093 25

Les sommes reçues après le 1er mars 1855 entreront dans une autre liste.

Paris. — Typographie de Mme SMITH, rue Fontaine-au-Roi, 18.

LISTE DES SOMMES

REÇUES DIRECTEMENT PAR M. VALLETTE, PASTEUR A PARIS,

ET PAR M. E. ANDRÉ,

En réponse à l'Appel du mois de novembre 1854,

POUR

L'envoi d'Aumôniers aux soldats chrétiens protestants

DE L'ARMÉE D'ORIENT.

1855

LISTE DES SOMMES

REÇUES DIRECTEMENT PAR M. VALLETTE, PASTEUR A PARIS,

DU 1ᵉʳ MARS AU 1ᵉʳ MAI 1855,

En réponse à son appel du mois de novembre 1854.

Pour l'envoi d'Aumôniers aux soldats chrétiens protestants de l'armée d'Orient.

Messieurs	fr.	c.
AOUSTE (Drôme).		
Par M. Servière, pasteur :		
Vignal (Joseph)	1	»
Achard (Mlle)	2	»
Leygat	1	»
Servière	5	»
Juge Meteur	2	»
Achard (Mme veuve)	1	»
Tardieu	1	50
Aguiton aîné	2	»
Chaix	1	50
Granon	1	»
Reignier	»	50
Allard (Mlle)	2	»
Raillon (Louis)	»	50
Vieux-Arnaud	1	»
Hilaire	1	»
Barthélemy Toussaint	1	»
Tavau	3	»
Astier	»	50
Anonyme	1	»
Produit de la collecte.	28	50
A déduire :		
Droit de 2 p. % . . » 55		
Droit de timbre. . » 35 } 1 10		
Timbre-poste. . . » 20		
	27	40
BATIGNOLLES (Seine).		
M. le pasteur Boissonnas	10	»
A reporter	37	40

Messieurs	fr.	c.
Report	37	40
BERGERAC (Dordogne).		
M. le pasteur Bastie	5	»
Par M. le pasteur Pozzi :		
Durand (Mme veuve P.)	20	»
Peloux (Mlles)	1	50
Rolland (Mme)	10	»
Longa (Mme veuve)	6	»
Jacques	1	»
Anonyme	3	»
Rey	3	»
Perret (Mlle N.)	5	»
Rigaud (Mlle Marguerite)	3	»
Meynadier du Céron	20	»
Moynier (Mme veuve)	3	»
Despaigne (Jules)	2	»
Mounet (Mme veuve)	20	»
Bernoux	3	»
Baud (Mlle Aglaé)	5	»
Eyrandelle (Mlle)	6	»
Escot Merlin (Mme veuve)	5	»
Martin, direct. de la colonie de Sainte-Foy	2	»
Pozzy	5	»
	128	50
BERNIS (Gard).		
Par M. le past. Lagel (Henri)	55	35
A reporter	221	25

Messieurs	fr. c.	fr. c.
Report . . .		221 25

CREST (Drôme).

	fr. c.	fr. c.
Par M. le pasteur Servière.		27 40
Collecte par M. le pasteur Arnaud :		
Odon, de Garoson. . . .	1 50	
Latune-Faure.	5 »	
Conte (Jean), d'Eure. . .	3 »	
Faure cadet et quelques amis.	8 »	
Estran.	1 »	
Bérard.	1 »	
Bérenger de Ladan. . . .	1 50	
Crozat père.	2 »	
Bérenger de Lacondamine.	1 »	
Garnier père (Alexandre).	5 »	
Faure-Bonnet.	10 »	
Barral (Mathieu).	5 »	
Barral aîné.	5 »	
Morin-Faure.	5 »	
Chion (Mme veuve). . .	5 »	
Latune (Auguste). . . .	10 »	
Latune (Charles).	15 »	
Chabrières-Nanette. . . .	5 »	
Chabrières.	5 »	
Roche, juge de paix. . .	10 »	
Marcel.	5 »	
Breyton-Brachet.	15 »	
Teissier.	1 »	
Joubert.	5 »	
Magnan (Mme veuve). . .	2 »	
Ruel (Mme veuve). . . .	1 »	
Duseigneur (Mme veuve).	1 »	
Charpiot (Mlle Catherine).	1 »	
Bachelard (Armand). . .	1 »	
Davin (Charles).	» 50	
Pape, d'Aouste.	» 50	
Terrail (M.), de la Clastre.	1 50	
Arnaud, pasteur.	3 50	
		142 »

DIEPPE (Seine-Inférieure).

	fr. c.	fr. c.
2e envoi de M. le pasteur Réville :		
De lui-même.	10 »	
Lieutat (Mlle). . . .	10 »	
		20 »

FOUGÈRES (Ile-et-Vilaine).

	fr. c.	fr. c.
Par M. le past. Bouvier. . . .		15 »

LE HAVRE (Seine-Inférieure).

	fr. c.	fr. c.
2e envoi par M. le pasteur Amphoux.		40 »
A reporter. . .		465 65

Messieurs	fr. c.	fr. c.
Report . . .		465 65

HERICOURT (Haute-Saône).

	fr. c.	fr. c.
Macler.		20 »

HUISMES.

	fr. c.	fr. c.
Boubila, pasteur.		5 »

LABASTIDE-ROUAYROUSE.

	fr. c.	fr. c.
Collecte par M. le past. Turquier.		35 50

LA ROQUILLE, près de Sainte-Foy (Gironde).

	fr. c.	fr. c.
Par M. le pasteur Mercat. . . .		42 »

LÉMÉ (Aisne).

	fr. c.	fr. c.
Un membre de l'Eglise de Lémé. .		40 »

LE VIGAN (Gard).

	fr. c.	fr. c.
Collecte par M. le past. Collombier.		212 »

LONDRES.

	fr. c.	fr. c.
M. le pasteur Martin.		25 »

MARSAUCEUX (Eure-et-Loir).

	fr. c.	fr. c.
M. le pasteur Née		2 »

MARSEILLE (Bouches-du-Rhône)

	fr. c.	fr. c.
Par M. le past. Monod (J)	75 »	
Raymond frères.	15 »	
		90 »

MONTAUBAN (Tarn-et-Garonne)

	fr. c.	fr. c.
Foissac (Mme Fabie).		20 »

MONTÉCHEROUX (Doubs).

	fr. c.	fr. c.
Anonyme.		1 »

MONTPELLIER (Hérault).

	fr. c.	fr. c.
Mrs Campbell Stewart. .	100 »	
Miss Smith.	25 »	
		125 »

MULHOUSE (Haut-Rhin).

	fr. c.	fr. c.
Grümler (Mme).		15 »
A reporter. . .		1,098 15

Messieurs	fr	c.
Report. . .	1,098	15

PARIS.

	fr	c.
Harris (Mlle).	10	»
Levray (A.).	1	»
Pensionnat des Billettes (orphelines).	10	»
Steinbrecher.	1	50
Meyer, chapelier. . . .	3	»
Taborié (Mme).	10	»
Anonyme, par Mme Montandon.	2	»
Bonnet et de Chabrier (Mmes veuves). . . .	30	»
Lorcon.	1	»
Bizot.	1	»
Jardin (Mme).	10	»
Dumas-Peschier.	50	»
	129	**50**

REIMS (Marne).

	fr	c.
Conseil presbytéral. . . .	20	»
Delporte (Elie).	»	20
	20	**20**

SAINT-AFFRIQUE (Aveyron).

Par M. Travès, pasteur suffragant:

	fr	c.
Rachou (Mme veuve). . .	10	»
Fuzier (Mme Paul). . . .	10	»
Sambucy (Mme).	10	»
Gourian	2	»
Gourian (Mlle Suzette). .	»	50
Bélugou.	1	»
Délure (David).	10	»
Anonyme.	5	»
Boyer (Emile).	2	»
Peyre (Mathieu).	1	»
Guiraud (Mme).	5	»
Sévérac (Maurice). . . .	1	»
Sévérac (Adrien).	5	»
Travès, pasteur.	5	»
	67	50
A déduire pour frais d'envoi.	1	87
	63	**63**

SAINT-PÉRAY (Ardèche).

	fr	c.
M. le pasteur Vaissette.	25	»

SAINT-SAUVANT (Vienne).

	fr	c.
Collecte par M. le pasteur Verrue.	45	»

	fr	c.
A reporter. . .	1,383	48

Messieurs	fr	c.
Report. . .	1,383	48

SANCERRE (Cher).

Collecte par M. le pasteur Clavel :

	fr	c.
Robert (Mme).	2	»
Bothereau (Mme). . . .	5	»
Guesnon (Mme).	20	»
Bilard (Mme).	2	»
Raimbaud-Simon (Mme).	5	»
Née-Olivier (M. et Mme).	3	»
Fouquet (Mlle).	20	»
Habert-Habert (Mme). .	2	»
Bongrand aîné (Mme). .	5	»
Almain-Horace (Mme). .	2	»
Clavel (M. et Mme). . .	2	»
Luya (Mlle), institutrice.	»	»
Portion d'un tronc. . . .	6	»
	74	**»**

STRASBOURG (Bas-Rhin).

	fr	c.
1er versement de M. le président du Directoire. . . .	2,000	»
2e versement.	2,877	85
3e versement.	2,166	45
(Outre 500 f. avancés pour frais d'équipement).		
	7,044	**30**

TOULAUD (Ardèche).

	fr	c.
Collecte par M. le past. Roustain.	9	75

VALENCE (Drôme).

2e envoi par M. le past. Roman :

	fr	c.
Bonnet (Mlle Thérèse), d'Etoile.	5	»
Charéon (Mme).	1	50
Romesin (Mme), de Valençolles.	2	»
Roman (Ernest).	2	»

EGLISE DE CHATEAU-DOUBLE (Drôme).

	fr	c.
Collecte dans le temple. .	15	»
	25	50
A déduire pour frais d'envoi.	»	80
	24	**70**

VALS (Ardèche).

	fr	c.
Par M. le pasteur Miroglio. . . .	20	»

VESOUL (Haute-Saône).

	fr	c.
Martin (M. et Mme).	10	»

	fr	c.
Total. . . .	8,566	23

Messieurs	fr.	c.	fr.	c.
Reports. . .	5	»	1,281	30
Buisson	25	»		
Grenier	5	»		
Batut (Mme).	2	»		
Labadie (MM.).	5	»		
Faure	2	»		
Johanneau aîné.	10	»		
Johanneau jeune	5	»		
Planteau (Mme)	5	»		
Brian Nilly (Mlle). . . .	5	»		
Duvergier (Mme Ans.) .	5	»		
Anonyme	1	»		
Anonyme	3	»		
Giraud, diacre	1	»		
Bicker, instituteur . . .	2	50		
Eglise des Bouchets. . .	11	20		

Troisième envoi :

	fr.	c.	fr.	c.
Marcillac.	10	»		
Sauge père.	5	»		
Livadon.	1	»		
			108	70

Détail du premier envoi de Ste-Foy.

Ce premier envoi figure déjà dans la première liste imprimée (page 13), mais sans le détail :

	fr.	c.
Marot (S.).	15	»
Marot (F.).	5	»
Marot (E.).	5	»
Berbinau.	3	»
Planteau	20	»
Chauchin	10	»
A reporter. . . .	58	»	1,390	»

Messieurs			fr.	c.
Reports. . .	58	»	1,390	»
Anonyme	4	»		
Clamageran et Jay (Mme).	20	»		
Paris (Mlle Suzette). . .	5	»		
Gauveau (Mlles)	8	»		
Marroq (T.)	20	»		
Guy	5	»		
Birzon (Mlle de) . . .	5	»		
Gaussin (Mlle Th.) . . .	10	»		
Larégénère (Mme L.) . .	10	»		
Larégénère-Jouhaneau (Me)	10	»		
Larégénère (Mlle Julie) .	5	»		
Caticffe (de)	5	»		
			170	»

SAINT-LAURENT-DU-PAPE
(Ardèche).

	fr.	c.
Rattier (Auguste). . . .	10	»

SAINT-MARTIAL (Tarn-et-Gar.)

	fr.	c.
Eglise de Saint-Martial.	14	»

SHEFFIELD (Angleterre).

	fr.	c.
Harisson (Miss)	62	50

VAUVERT (Gard).

	fr.	c.
Collecte par MM. Villard et Maystre, pasteurs.	150	»

VERSAILLES (Seine-et-Oise).

Par M. Vors, pasteur :

	fr.	c.
Le conseil presbytéral.	100	»
Total.	1,726	50

---

	fr.	c.
Total jusqu'au 1er mars 1855, reçu par M. Vallette.	44,183	89
— Du 1er mars au 1er mai, par M. Vallette	8,566	23
Total jusqu'au 1er mars, reçu par M. E. André.	6,093	25 (1)
— Du 1er mars au 1er mai, par M. E. André.	1,726	50
Plus, 500 fr. avancés directement, à Strasbourg, par le Directoire, pour frais d'équipement.	500	»
Total général au 1er mai.	61,069	87

Les dons reçues après le 1er mai paraîtront plus tard.

(1) Une faute d'impression indiquait 9,093 fr. 25 c.

Paris. — Imp. de Mme Smith, r. Fontaine-au-Roi, 18.